HET KLEINE I

Je bent van jezelf
natuurlijk al een koningin
in Alles! ♡
Dikke kus
D & M

Van Peta Heskell verscheen eerder:

DE FLIRTCOACH

Peta Heskell

Het kleine flirtboekje

DE KERN

Oorspronkelijke titel: *The Little Book of Flirting*
Originally published by HarperCollinsPublishers Ltd

Uitgeverij De Kern, De Fontein bv, Postbus 1, 3740 AA Baarn
Vertaling: TOTA/Erica van Rijsewijk
Omslagontwerp: Teo van Gerwen Design
Illustraties binnenwerk: Wies Verheij
Zetwerk: V3-Services, Baarn
ISBN 90 325 0932 2
NUR 450

Dank

Voor iedereen die de moed heeft om zich te storten in het avontuur dat het leven is en ervoor te gaan. Dank-dank-dank aan al mijn cliënten, deelnemers aan mijn 'speelshops' en vrienden, die het me mogelijk hebben gemaakt mijn werk te doen en de zon een beetje in de wereld te laten schijnen. Blijf schijnen!

Inhoud

Inleiding

Wat bedoelen we eigenlijk met flirten?

Laten we om te beginnen het woord 'flirten' eens opnieuw definiëren. Vergeet niet dat we, als we in de loop der tijd dingen niet opnieuw zouden hebben gedefinieerd, nog steeds zouden jagen op ons vlees en in grotten zouden wonen. 'Flirten' stamt af van het Oudfranse woord *fleurter*, dat 'bloeien' betekent. Hier volgen een paar eigentijdse definities van deelnemers aan mijn flirtcursussen:

- Flirten heeft te maken met plezier maken en met mensen leren kennen.
- Flirten is een manier om mensen te laten merken dat je belangstelling voor hen hebt.
- Flirten heeft te maken met complimentjes geven, glimlachen en mensen blij maken.

- Flirten is net als een vlinder die in al zijn schoonheid voorbijfladdert, maar die als we hem proberen te vangen wegvliegt en ons doet verlangen naar meer...
- Flirten is jezelf zo aantrekkelijk maken dat andere mensen geen weerstand aan je kunnen bieden.
- Flirten is in staat zijn door andermans barrières heen te breken en contact te maken.
- Flirten is een onschuldig tijdverdrijf waar je, als je wilt, mee verder kunt gaan.

Het Engelse acroniem 'flirting' geeft weer wat flirten voor mij betekent:

F Een goed gevoel hebben over jezelf.
*(**F**eeling good about yourself.)*

L Andere mensen graag mogen.
*(**L**iking other people.)*

I Interesse in anderen maakt jou interessant.
*(**I**nterest in others makes you interesting.)*

R Contact en weerklank.
*(**R**apport and resonance.)*

T Hun taal praten.
*(**T**alking their language.)*

I Initiatief nemen tot een gesprek.
*(**I**nitiating conversation.)*

N 'Nee' betekent: 'Ga door met het volgende.'
*('**N**o' means 'Go on to the next'.)*

G Je stem laten horen en je lichaam losmaken.
*(**G**iving great voice and loosening up your body.)*

Flirten blijft niet beperkt tot interactie met de andere sekse. Het komt ook van pas bij sociale gelegenheden en in werksituaties. Je stijl van flirten kan uiteenlopen van simpel sociaal tot sterk seksueel. Wanneer succesflirten goed wordt gebracht en met een vriendelijke instelling van 'ervoor gaan', opent het de poort naar meer romantiek, diepere vriendschappen, verbeterde werkrelaties en een héél goed gevoel voor jouzelf en de mensen met wie je flirt.

Flirten is een goed gevoel over jezelf hebben en dat naar buiten toe uitstralen, zodat de juiste mensen zich ONWEERSTAANBAAR tot je aangetrokken voelen!

De beste flirts doen het met iedereen!

Dit boekje vertelt je hoe je zo iemand kunt worden die kan flirten met wie hij maar wil! Mijn vriendin Lesley is zo'n type. Vijfentwintig jaar lang had ze een eigen zaak, en ze flirtte met iedereen. Tot op de dag van vandaag flirt ze met ouderen, kinderen, baby's, mannen en vrouwen. Ze flirt pikant met mannen die ze wel ziet zitten en goedmoedig met mannen bij wie dat niet het geval is. Ze houdt van een goede grap en ze kan heel wellustig én heel vriendelijk zijn. Op haar negenenveertigste zitten de mannen nog steeds achter haar aan, en ze is al zesentwintig jaar gelukkig getrouwd. Vrouwen komen haar raad vragen over hun relaties en ouders laten haar hun kinderen 'adopteren'. Op haar begrafenis zijn vast alleen maar staanplaatsen!

Hoe word je een flirt?

Dit boekje vertelt je hoe je de kunst van het flirten onder de knie kunt krijgen. Het bevat alles wat je nodig hebt om jezelf in alle opzichten onweerstaanbaar te maken!

Succesflirts houden van wie ze zijn en van wat ze doen. Dit boekje zal je helpen te ontdekken hoe geweldig jij bent én je ertoe aanmoedigen je leven vanuit die positie te leven. Het gaat over jezelf tegenkomen, verliefd worden op jezelf en vanuit die basis interactie hebben met de wereld.

Beschouw dit boekje als een gids, als een coach en als een bron van plezier terwijl je je al flirtend een weg door je leven baant.

Maar vergeet niet dat boeken niet pardoes tevoorschijn kunnen springen om je in je slaap van de ene dag op de andere te veranderen. Ze bieden je manieren van denken en doen die erbij kunnen helpen jezelf ten goede te veranderen. Maar jij moet ervoor kiezen om het werk te doen waardoor dat allemaal kan gebeuren!

Kies je ervoor een succesflirt te worden? Laten we dan nu beginnen!

Ben je al een beetje een flirt?

Als succesflirt zul je dingen *voor* jezelf kunnen laten gebeuren, niet *met* je. Je laat dingen gebeuren *dankzij* en niet *ondanks* wat je doet. Hoe ben je nu bezig? Misschien is er bij jou sprake van gedragspatronen die je wel en gedragspatronen die je geen goed doen. Laten we eens kijken naar je huidige flirtpatronen.

Hoe staat het met je flirtpatronen?

Misschien ben je al een beetje een flirt. Misschien flirt je, maar levert dat je niet de gewenste resultaten op. Of misschien flirt je wel helemaal niet. De volgende vragen zullen je helpen te bepalen hoe je op dit moment tegen flirten aankijkt en aan welke zaken je zou moeten werken:

Je bevindt je in een ontspannen sociale situatie en beseft dat je je tot iemand aangetrokken voelt. Wat doe je?

- Je zendt sterke seksuele signalen uit, en als de ander niet naar jou toe komt, ga jij naar de ander toe.
- Je flirt met iemand anders terwijl je af en toe de kant op kijkt van die bepaalde persoon.
- Je hoopt dat de ander niet in de gaten heeft dat je interesse hebt en zorgt dat jullie blikken elkaar niet ontmoeten.

Ik stond bij de deur binnenkomende cursisten te begroeten toen er een collega van me aankwam achter op een motortaxi. De bestuurder kwam naar me toe om me het een en ander te vragen over de cursus. Ik vond hem een enorme spetter. Nadat we even met elkaar hadden gepraat, moest ik gaan. Ik gaf hem mijn kaartje en ging de trap af. Halverwege draaide ik me om en vloog weer naar boven. Ik vroeg hem of hij een ritje met me wilde maken op zijn motor. Twee jaar later zijn we nog steeds bij elkaar!

Soms moet je naar je instincten luisteren en je geen zorgen maken om de consequenties. Ik stond er echt geen moment bij stil dat deze jongen me zou kunnen afwijzen of zou kunnen vinden dat ik me te veel opdrong – ik ging er gewoon voor!

Soms moet je naar je instincten luisteren en er gewoon voor gaan!

Je zit in een vrij drukke trein. Er komt een aantrekkelijk, goedverzorgd iemand binnen en die begint een gesprek. Wat doe je?

- Je zegt: 'Goedenavond' en je kijkt weer in je krant of gaat weer door met je werk.
- Je besteedt er geen aandacht aan — wie weet is dit wel een slijmbal of een verkrachter.
- Je stelt je open voor de mogelijkheden en gaat mee in het gesprek.

Fran regisseerde een tv-documentaire over mijn cursus. In de trein naar huis stapte er een man haar coupé binnen; hij glimlachte en zei: 'Hallo.' Normaal gesproken zou Fran een onduidelijke groet hebben gemompeld en zijn doorgegaan met haar werk. Maar dit keer herinnerde ze zich iets wat ik had gezegd over je verbinden, en ze glimlachte terug en maakte een opmerking over een actueel onderwerp. Ze raakten aan de praat en ontdekten dat ze allebei in de tv-wereld werkten én dat hij haar man kende. Ze wisselden telefoonnummers uit en maakten plannen voor een afspraak samen met hun partners. Wie weet waartoe deze vriendschap zal leiden?

Als we bereid zijn ons voordeel te
doen met onwaarschijnlijke situaties,
kan dit leiden tot fantastische vriendschap,
een nieuwe relatie of die geweldige
zakelijke kans.

Je weet dat iemand die je kortgeleden hebt ontmoet maar die je niet al te goed kent, je in contact zou kunnen brengen met iemand aan wie je in je werk veel zou kunnen hebben. Wat doe je?

- Je belt die persoon op, vraagt hem of haar hoe het gaat, luistert naar wat hij of zij te zeggen heeft, geeft hem of haar een goed gevoel, en vertelt vervolgens eerlijk dat je belt om te vragen of hij of zij je kan helpen.
- Je belt die persoon op over een andere kwestie en hoopt maar dat van het een het ander komt.
- Je belt expres niet, omdat het dan zou kunnen lijken of je die persoon gebruikt.

Sue woonde een van mijn workshops voor persoonlijke ontwikkeling bij. Ze belde me de volgende dag op, bedankte me voor de avond en vertelde me dat ze besefte dat ik iemand was die veel invloed had en veel meer contacten had in de wereld van persoonlijke ontwikkeling dan zij. Ze vertelde me een verhaal dat me aan het lachen maakte en vroeg of ik reclame wilde maken voor haar werk als persoonlijke coach. Ik ging naar een van haar sessies en ging inderdaad reclame voor haar maken, want ze was goed.

Sue was pro-actief, grappig en vriendelijk. Ze had me zonder me te vleien een goed gevoel gegeven, en ze was oprecht en bereid haar nek uit te steken, omdat ze in zichzelf geloofde.

Soms moet je bereid zijn je nek uit te steken om nuttige verbindingen te kunnen leggen.

Vermoedelijk ben je je, nu je dit allemaal gelezen hebt, er meer bewust van geworden hoe het met je flirtgedrag is gesteld. Zou je vaker het initiatief willen nemen voor een gesprek en zou je in staat willen zijn om je in elke situatie communicatief op te stellen? Zijn er momenten in je leven geweest waarop je een geweldige verbinding had kunnen leggen, maar dat niet hebt gedaan? Zo ja, dan is dit hét boek voor je.

Beginnen bij de binnenkant – bij jezelf!

Het geheim van succesflirten is dat je bij de binnenkant begint – met jezelf! Hoe beter je jezelf kent en hoe beter het gevoel is dat je over jezelf hebt, hoe makkelijker het voor je is om met succes te flirten en daar met volle teugen van te genieten. Het is niet waar dat flirten alleen te maken heeft met oppervlakkig uiterlijk vertoon; het begint ermee welk zelfbeeld je uitstraalt.

De sleutel tot succesflirten is dat je allereerst een goed gevoel over jezelf hebt, zodat je dat op anderen kunt overbrengen.

Weet je wel hoe geweldig je bent?

Succesflirts weten wie ze zijn, genieten daarvan en zijn er eerlijk over. Ze hebben een goed gevoel over zichzelf en brengen dat over op anderen. Wil je ook zo zijn, dan is het belangrijk te weten wie je bent en daar trots op te zijn.

Wie ben je?

Wat voor soort iemand ben jij?

Noteer wat er in je opkomt als je deze vraag leest. Laat die goed tot je doordringen en voel je helemaal vrij. Vergeet niet dat er, als je eerlijk tegen jezelf bent, geen goed of fout bestaat. Er is alleen wat is...

Om je op weg te helpen zal ik je een stukje laten lezen van wat ik zelf allemaal had opgeschreven toen ik deze verkenning deed:

> *Ik ben iemand die van dieren houdt. Ik schrijf, ik organiseer groepen en krijg een kick van spelen met mijn kat, surfen op internet en van dingen ondernemen met vrienden. Ik vind het heel leuk om mensen erbij te helpen zichzelf meer te verwerkelijken. Ik ben een ontzettende flirt en ben gek op netwerken. Ik geniet ervan om met mijn vriend samen te zijn, maar ik ben ook gesteld op mijn eigen gezelschap. Ik hou van avontuur en ben verzot op lekker eten.*

Lees nu over wat je zelf hebt opgeschreven.
Als je dit boek uit hebt, stel jezelf deze vraag dan opnieuw. Het kan zijn dat je nog meer hebt ontdekt over je ware ik dat schuilgaat onder alle lagen die we hebben afgepeld...

Succesflirts zijn dol op wie ze zijn en op wat ze doen.

Wat wil je echt?

Nu je hebt omschreven wie je bent, dien je te bepalen wat je wilt – want hoe kom je er anders achter of je het al hebt? Hier volgt nog een verkenning:

Wat wil je - diep in je hart?

Kun je iets noemen dat je graag zou willen doen? Hoe zien die grote dromen, die wensen en verlangens die je diep in je hart koestert eruit? Als er wanneer je morgen wakker wordt een wonder zou zijn gebeurd, hoe zou het leven er dan voor jou in het ideale geval uitzien?

Wat wil je echt?
Beschrijf hoe dat er voor jou uit zou zien.

- *Lees over wat je hebt opgeschreven.*
- *Stel je nu voor dat je alles wat je wilt in een enorme ballon stopt en dat je die weg laat zweven.*

Waarom zou je los moeten laten wat je graag hebben wilt? Het klinkt misschien raar, maar als je eenmaal weet wat je wilt en het vervolgens loslaat, zullen zich kansen voordoen. Ik weet niet waarom, maar mensen die er voortdurend zorgelijk mee bezig zijn te krijgen wat ze hebben willen, lijken er meer moeite voor te doen dan diegenen die de zaken op hun beloop laten, geloven in hun dromen en gewoon doorgaan met het leuk hebben.

Niet minder dan het beste

Flirten wordt pas goed mogelijk als je op je best bent, als je van jezelf houdt en naar buiten toe gloedvol uitstraalt wie je bent.

Van welke waarheid is er sprake wanneer jij op je aller-, allerbest bent?

Dat weet je heus wel, omdat je die magische momenten op de een of andere manier wel kent. Wanneer je je herinnert hoe je bent op je allerbest en steeds meer zo gaat zijn, ontvouw je je als een ontluikende bloem! Je begint er een idee van te krijgen hoe je het liefst wilt dat je leven eruitziet. Je trekt de situaties aan die goed voor je zijn. Je flirt als een razende!

Werken aan innerlijke overtuigingen

Wat we geloven vormt de drijvende kracht achter wat we doen. Succesflirts worden gedreven door positieve, energieschenkende overtuigingen. Ze geloven dat ze sexy zijn. Ze geloven dat ze een sprankje licht brengen in andermans leven, en ze geloven dat andere mensen interessant zijn. Minder overtuigde mensen worden verzwakt door negatieve, energieondermijnende overtuigingen. Als je bijvoorbeeld gelooft dat je niet aantrekkelijk bent, zul je er in de ogen van anderen waarschijnlijk ook niet bijster aantrekkelijk uitzien.

Ik weet zeker dat je maar wat graag positieve overtuigingen over jezelf zou hebben. Dit is je kans om die te verwoorden en ze je helemaal eigen te maken. Dat doe je zo:

Zijn wat je gelooft

- Denk aan een overtuiging die je graag over jezelf zou willen hebben.
- Bedenk een zinnetje dat die overtuiging bevestigt. Begin op een van deze twee manieren:
  Ik kan...
  Ik ben...
- Zeg nu tegen jezelf: 'Als ik mezelf op mijn best ben, kan/ben ik [je overtuiging].'
- Denk aan iemand die diezelfde overtuiging over zichzelf heeft of zich gedraagt alsof hij iets dergelijks over zichzelf gelooft. Wil je bijvoorbeeld wellustiger zijn, dan is Tina Turner misschien een geschikt rolmodel.

- Besteed aandacht aan de manier waarop je rolmodel staat, zich beweegt, ademhaalt en zich gedraagt.
- Doe zelf ook zo.
- Herhaal voor jezelf keer op keer in gedachten je overtuiging.
- Herhaal je overtuiging hardop.
- Blijf een poosje zo staan, met je lichaam in een houding die bij je nieuwe overtuiging past.

Herhaal dit zo vaak als nodig is. Hoe vaker je het doet, hoe meer je lichaam zal afgaan op de herinneringen aan de overtuiging die in je lichaamscellen zijn opgeslagen, en hoe meer het eruit gaat zien of je overtuiging ook echt waar is! En op een dag ís die gewoon waar!

Succesflirts worden gedreven door krachtschenkende overtuigingen. Ze geloven dat het leuk is om met hen samen te zijn; ze geloven dat ze sexy zijn; en ze geloven dat ze voor wat licht zorgen in andermans leven.

Lachen, het beste medicijn

Succesflirts besteden meer tijd aan lachen en glimlachen dan andere mensen. Ik weet zeker dat je het met me eens bent dat iemand die blij is en lacht aantrekkelijker is dan een fronsende sombermans. Bovendien komen er als je lacht opiaten en endorfinen vrij, de *happy drugs* van de natuur. Als je lacht, voel je je geweldig!

Lach je wel genoeg? Ga op zoek naar dingen die je aan het lachen maken. Kijk naar tv-programma's waar je om moet lachen. Lees boeken die je aan het lachen maken. Doe dingen waarbij je moet lachen. Zoek en onderhoud contact met mensen die je aan het lachen maken. Geef je op voor de grap van de dag. Ga naar een lachworkshop. En leer vooral te lachen om jezelf.

Ben je een zonnetje?

Mensen die de gloed van hun innerlijke zelf uitstralen noem ik 'zonnetjes'. Hoe reageer jij op de uitdagingen die het leven je stelt? Ben je een zonnetje of een 'zwarte wolk'?

- Zonnetjes zien het leven van de zonnige kant.
- Zonnetjes zien het grappige van situaties in.
- Zonnetjes beschouwen mensen als gelegenheden om zich te verbinden.
- Zonnetjes hebben oog voor wat er goed aan anderen is en zeggen hun dat ook.

- Zonnetjes treden uitdagingen tegemoet door te zeggen: 'Hoe kan ik nu verder?' of: 'Wat kan ik hiervan leren?'
- Zonnetjes zijn het grootste gedeelte van de tijd zichzelf en vinden dat heerlijk.
- Zonnetjes zien alleen maar mogelijkheden.

Als je ervoor kiest een stralend zonnetje te zijn, zul je merken dat je de gloed van je eigen stralen uitstraalt, en dat is een van de dingen die voor succesflirten onontbeerlijk zijn.

Succesflirts zijn niet van anderen afhankelijk om zich goed te voelen; ze creëren hun eigen goede gevoel en stralen dat uit!

Scherp je zintuigen

Wie een succesflirt wil worden, dient zijn zintuigen te scherpen. Je zintuigen zijn de kanalen waarmee je signalen van andere mensen oppikt. Hoe beter je zintuigen functioneren, hoe makkelijker je het zult vinden om ter plekke aan het flirten te slaan.

Succesflirts zijn in staat aan te voelen hoe een ander op hen reageert; ze weten wanneer ze sneller of langzamer moeten gaan – of, beter gezegd: wanneer ze moeten stoppen of doorgaan!

Succesflirts hebben hun zintuigen gescherpt en zijn er experts in onbewust kleine signalen op te pikken en patronen 'op te sporen' bij de mensen met wie ze flirten:

- Iemand die goed kan luisteren, hoort wanneer een ander even een pauze inlast en wanneer het het juiste moment is om zelf iets te zeggen. Hij herinnert zich de woorden die de ander heeft gebruikt en speelt die terug om te helpen contact te leggen.
- Iemand met oog voor detail merkt kleine veranderingen op in de bewegingen van het gezicht, de tonus van de huid en de lichaamstaal.
- Iemand die in contact staat met zijn of haar eigen gevoelens krijgt vaak intuïtieve antwoorden op de vraag hoe het nu verder moet.

Alle zintuigen gebruiken

Ik ga vaak joggen op het strand, waar ik vlakbij woon. Voordat ik begin, bepaal ik eerst op de ontwikkeling van welk zintuig ik me wil concentreren. De ene dag concentreer ik me op de geluiden om me heen, de volgende dag op wat ik zie. Op die manier ben ik echt nieuwe dingen gaan opmerken. Het is me bovendien duidelijk geworden welke van mijn zintuigen ik zou kunnen aanscherpen.

Je kunt de volgende verkenning aanpassen aan je dagelijkse bezigheden en hem zo vaak doen als je wilt!

Zintuigtraining

De eerstvolgende keer dat je alleen gaat wandelen of joggen zou een goede gelegenheid kunnen zijn om dit uit te proberen.

Dag 1: zien

Je kunt beginnen met speciale aandacht te besteden aan wat je om je heen ziet. Beschrijf wat je ziet. Staan er bomen? Wat voor kleur hebben hun bladeren? Kijk uit naar mensen, gebouwen, kleine details...

Dag 2: horen

Vandaag kun je besluiten je enige tijd te richten op de geluiden om je heen. Als ik ga joggen, ben ik me bewust van de ruisende wind, het geluid van de zee en de achtergrondgeluiden van het verkeer. Hou je oren open en luister.

Dag 3: tasten en voelen

Concentreer je op wat je kunt voelen. Als de zon schijnt, voel je warmte. Misschien voel je een briesje of de textuur van je kleren op je huid. Wanneer je eenmaal bent begonnen, is deze oefening niet moeilijk.

Dag 4: ruiken

Vandaag kun je je concentreren op geuren. Als ik over het strand jog, ruik ik de geur van de zee, het zeewier, sigarettenrook als ik iemand passeer die rookt, en de diverse geuren van de groene natuur.

Dag 5: proeven

Deze oefening kun je bij elke maaltijd doen. Neem je om te beginnen voor alle afzonderlijke ingrediënten waaruit je maaltijd is opgebouwd te proeven. Benoem ze. Je denkt misschien dat proeven alleen met eetbare zaken te maken heeft, maar als je smaakpapillen eenmaal getraind zijn, zul je nog veel meer gaan proeven.

Wanneer je deze oefeningen regelmatig doet en je elke dag een bepaalde tijd op een ander zintuig concentreert, zul je merken dat je zintuigen worden aangescherpt, en je zult ook meer openstaan voor de wereld én de mensen om je heen.

Hoe scherper je zintuigen zijn, hoe makkelijker je het zult vinden om op gepaste en geslaagde wijze te flirten.

Flirtsignalen

Als je een succesflirt wilt worden, is het belangrijk dat je je bewust wordt van de signalen die mensen uitzenden wanneer ze geïnteresseerd zijn – of niet! Je moet eerst twee of drie duidelijke en herhaalde signalen krijgen voordat je kunt zeggen dat de ander 'wel wil'.

Hierna volgen enkele voorbeelden van signalen die aangeven dat de ander interesse in je heeft:

- toevallig langs je lichaam strijken en glimlachen
- knikken terwijl hij/zij jouw kant op kijkt
- breed naar je glimlachen
- herhaald oogcontact maken
- langzaam knipogen, omhoog- en naar opzij kijken
- je een compliment geven
- de pupillen verwijden
- een hoge borst opzetten
- een wenkbrauw optrekken en je aankijken.

Aan de andere kant zijn er ook signalen die aangeven dat iemand niet geïnteresseerd is:

- kort oogcontact
- snel wegkijken
- dezelfde lichaamshouding aanhouden
- het lichaam van je wegdraaien
- het hoofd heel recht houden
- een 'gewone' of matte blik
- een gesloten mond
- een beetje in elkaar gezakt staan om geen aandacht naar de borstkas te trekken
- wellustig naar iemand anders kijken!

Maar het blijft een spel. Mensen zenden soms gemengde signalen uit. Neem niets als vanzelfsprekend aan. Durf je nek uit te steken en ga voor je verlangens.

Flirten voor de vriendschap

Flirten voor de vriendschap is flirten met je seksualiteit op een laag pitje, maar niet helemaal uitgeschakeld. We zijn allemaal seksuele wezens, en we zouden onze aard niet moeten ontkennen en niet moeten doen of die niet bestaat. Maar we kunnen wél de mate van seksualiteit die we bij onze interacties inbrengen in de hand houden, zodat die amper opvalt en geen aanstoot geeft.

Als je flirt voor de vriendschap, laat je daarmee zien dat je zelfvertrouwen hebt, dat je een positieve instelling hebt én dat je een fantastisch iemand bent om mee om te gaan. Het doel is dat je mensen een goed gevoel geeft over zichzelf. Het gaat erom dat er een speelse sfeer wordt gecreëerd, dat je mensen zover krijgt dat ze meewerken, dat je uitstraalt wat er zo geweldig aan jou is, dat je mensen naar je toe trekt en de kanalen openzet voor toekomstige mogelijkheden.

Flirten voor de vriendschap is een fantastische manier om voor iedereen die je tegenkomt de zon een beetje te laten schijnen.

Flirtstemmingen

Meestal vraag ik de deelnemers aan mijn flirtcursussen wat volgens hen een geschikte geestestoestand zou zijn om op een natuurlijke en heerlijke manier te flirten. Het meest worden zelfvertrouwen en speelsheid genoemd.

Welke gemoedsgesteldheid zou jou in de juiste stemming brengen om te flirten? Noem er een paar. Hier volgen enkele suggesties:

- sexy
- speels
- nieuwsgierig
- opgewonden
- vol zelfvertrouwen
- kome wat komen moet
- liefdevol.

Neem even de tijd om terug te denken aan momenten waarop je je zo hebt gevoeld. Op die manier roep je die goede gevoelens weer op. Vergeet niet dat mensen het fijn vinden om om te gaan met blije en zelfverzekerde types, omdat hun goede gevoel over zichzelf aanstekelijk werkt.

Glimlach, glimlach, glimlach...

Misschien vind je dit een open deur. Maar is dat wel zo? Is het je wel eens opgevallen dat veel mensen nauwelijks glimlachen? Ben jij een van die figuren die zo serieus zijn geworden dat ze zijn vergeten hoe ze plezier moeten maken?

Succesflirts zullen je vertellen dat hoe meer je glimlacht, hoe meer je tegen de buitenwereld zegt: '*Ik ben geen zwarte wolk die je uit de weg moet gaan, ik ben een zonnetje. Kom je maar koesteren in mijn warme stralen...*'

Doen alsof, tot je het gelooft

Je kunt beginnen met een nepglimlach, die uiteindelijk een echte glimlach zal worden.

- Probeer het nu. Trek je mondhoeken naar boven en plooi je gezicht tot een glimlach... Hou vol, maak die glimlach breder. Het doet er niet toe of er iemand kijkt. Glimlach nu!
- Besteed aandacht aan je lichaam, van top tot teen. Hoe zit je — zit je lekker? Voelt een bepaald gedeelte van je lichaam gespannen aan? Alleen al aandacht voor dit soort zaken kan je helpen te ontspannen en de spanning los te laten.

**Zie je iemand zonder glimlach,
geef hem er dan eentje van jou!**

Complimentjes - cadeautjes recht uit het hart

Een oprecht compliment kost niets en je kunt er een ander een groot plezier mee doen. En geef je iemand eenmaal een goed gevoel, dan wil die persoon vast en zeker meer tijd met je doorbrengen!

Complimentjes geven

Als ik iemand graag mag, of iets aan iemand leuk vind, spreek ik dat ook uit, of het nu gaat om vrienden, geliefden of vreemden. Jij kunt hier ook mee beginnen. Hier noem ik een paar dingen die ik wel eens tegen mensen heb gezegd:

'Je hebt fantastisch werk geleverd.'

'Je hebt een geweldige glimlach/mooie schoenen/een leuk kapsel.'

'Je beschikt over een heerlijke energie.'

'Je bent heel interessant.'

'Je hebt een erg leuke hond.'

'Jij kunt goed luisteren – bedankt!'

'Je bent heel goed in [waar die persoon goed in is].'

'Als ik met jou samen ben, heb ik altijd veel plezier.'

Complimentjes in ontvangst nemen

Krijg jij een oprecht compliment, zou het dan niet raadzaam zijn het ter harte te nemen? Hoe kan het toch dat we er zo goed in zijn ons iets aan te trekken van afwijzingen, maar complimentjes geringschattend afdoen?

Leer complimentjes in ontvangst te nemen met de flair en de goede gevoelens waarmee ze werden gegeven. Mensen die anderen oprechte complimentjes maken, doen dat omdat ze iets aan je waarderen. Dus wees maar trots op wie je bent, en trots op het feit dat je complimentjes krijgt. Wanneer je een complimentje wegwuift, is het net alsof je geen aandacht aan een cadeautje besteedt.

Dit zijn een paar goede manieren om complimentjes in ontvangst te nemen:

'*Dank je wel, wat leuk dat je dat opmerkt.*'
'*Dank je wel, dat hoor ik graag.*'
'*Dank je wel, je maakt mijn hele dag goed.*'

Er bestaan talloze manieren om een complimentje in ontvangst te nemen, maar het moet altijd wel beginnen met een glimlach en de woorden:
'*Dank je wel!*'

Elke dag een complimentje houdt de wolken op afstand!

Wees interessant door geïnteresseerd te zijn

Mensen houden ervan als anderen geïnteresseerd in hen zijn. Dus hou maar op met te proberen indruk te maken en concentreer je erop onder de indruk gebracht te worden. Succesflirts maken voortdurend gebruik van hun vermogen om mensen ertoe te brengen zich open te stellen en te praten (ze zijn experts in openingszinnen!). Iedereen praat graag over zichzelf, want dan heb je het gevoel dat je waardevol en interessant bent.

De beste vragen die je kunt stellen zijn die vragen die de ander ertoe brengen aan een positieve ervaring terug te denken. Je zou kunnen beginnen met een kort zinnetje over hoe jij graag plezier maakt, je ontspant enzovoort, en dan de ander vragen hoe dat voor hem of haar is...

- 'Hoe maak jij het liefst plezier?'
- 'Hoe ontspan jij je het liefst?'
- 'Vertel me eens over die allermooiste vakantie.'
- 'Wat zet jou in vuur en vlam?'
- 'Als je morgen wakker zou worden in een ideale wereld, hoe zou jouw ideale dag er dan uitzien?'

Pas op: onderwerp de ander niet aan een kruisverhoor. Je mag immers niet vergeten dat je ten minste zestig procent van de tijd naar die ander dient te luisteren.

Flirten voor de seks

Flirten voor de seks is een ingebouwd biologisch mechanisme dat is bedoeld om ons te helpen een partner aan te trekken. Het zendt duidelijke seksuele signalen uit, in de trant van: '*Ik ben op een seksuele manier in je geïnteresseerd, en hoe zit het met jou?*' Het is een goede manier om seks in te leiden, om het vlammetje brandende te houden en om de thermostaat hoger te draaien.

Dit soort flirten is niet alleen maar iets voor singles die op zoek zijn naar liefde. Wanneer je wellustig of zelfs kuis flirt met je partner, terwijl je hem of haar herinnert aan de ondeugende, heerlijke momenten die jullie samen hebben gedeeld, stimuleert dat bij de ander fantasieën over wat nog komen gaat.

Dus als je wilt: zo pak je dat aan!

Je bent een seksueel wezen - geniet ervan!

Seksualiteit heeft niet alleen maar te maken met lichamen die tegen elkaar aan bewegen en met orgasmes. Seksualiteit is een energie die door ons heen stroomt, voortdurend aangedreven door ons ingebouwde instinct om te paren. We zijn allemaal seksuele wezens, en toch hebben we geleerd om onze seksualiteit soms te onderdrukken of ons er zelfs verlegen mee te voelen. Wat zou je houding tegenover seksualiteit er niet op vooruitgaan als je zou hebben geleerd er met passie en trots van te genieten?

Je seksualiteit wakker maken en ervan genieten houdt niet in dat je je seksuele energie gaat gebruiken als middel om te krijgen wat je hebben wilt. Het gaat erom dat je van je seksualiteit geniet om je welbevinden en je natuurlijke flirtinstinct te vergroten, zodat je meer gaat stralen en je leven spannender wordt!

Hoe minder moeite je ermee hebt je sexy te voelen en sexy te zijn, hoe meer je zult overkomen als een seksueel aantrekkelijk persoon.

Zend veelvoudige signalen uit

Mensen hebben voorkeuren voor verschillende soorten signalen. Sommigen hebben voornamelijk aandacht voor blikken, anderen letten juist op aanrakingen, en weer anderen zijn gevoelig voor woorden en geluiden.

Op p. 60 hebben we bekeken wat voor soort signalen mensen zoal uitzenden wanneer ze willen laten merken dat ze geïnteresseerd in je zijn. Nu ben jij aan de beurt! Zorg ervoor dat je je belangstelling via alle drie de kanalen laat blijken, zodat je kansen om een duidelijk signaal over te brengen worden vergroot. Laat de ander zien dat je hem of haar wel ziet zitten door langdurig oogcontact, een brede glimlach en subtiel lokkende gebaren. Zeg iets tegen de ander waaruit blijkt dat je interesse hebt – een complimentje doet het meestal goed. En als je de kans krijgt, maak dan voorzichtig gebruik van aanrakingen, bijvoorbeeld door 'per ongeluk' langs het lichaam van de ander te strijken. Ga na op welke signalen deze het best reageert, en pas je gedrag dienovereenkomstig aan.

Met een lekkere stem heb je meer lol

De stem is een van de krachtigste flirtinstrumenten die de natuur ons biedt, en succesflirts weten over het algemeen heel goed hoe ze hem moeten gebruiken! Geluid komt niet alleen onze oren binnen, maar overspoelt ook ons lichaam met geluidsgolven. Soms kunnen die heerlijk aanvoelen, en soms zijn ze pijnlijk. Stemmen roepen bij andere mensen gevoelens op. Denk eens aan de mogelijkheden die dat biedt!

Er zijn mensen wier stem met zijn rijke, pikante klanken bol lijkt te staan van de sensualiteit. Zou het soms niet goed van pas komen om ook zo te kunnen praten?

De verkenning hiernaast is bedoeld om je stem pikanter te maken, dus zorg dat je er klaar voor bent!

Warming-up voor de stem

Zoek voor je met deze oefening begint een plekje waar je niet zult worden gestoord.

Denk aan een pikant moment in je leven en spreek de volgende 'woorden' uit terwijl je er zoveel mogelijk lading aan geeft:

- 'Ooooooo!' (Er is je net iets heel pikants getoond.)
- 'Aaaaaaa!' (Je zucht van opluchting, zoals wanneer je na een lange dag een warm bad neemt.)
- 'Mmmmmmmm!' (Je wordt heel enthousiast bij een nieuw vooruitzicht.)

'Ja, alsjebliiieeeft!' (Je wilt iets zo graag dat je erom smeekt!)

Doe dit geregeld. Varieer de toonhoogte, het ritme, de snelheid en het volume. Experimenteer en schep er plezier in om je stem te moduleren.

Succesflirts weten heel goed hoe ze hun stem moeten gebruiken!

Laat bewegen, dat lichaam!

Ook je lichaam is een krachtig flirtinstrument. Succesflirts weten zich meestal uitstekend te bewegen!

Dansen is een heerlijke manier om je lichaam een vrij gevoel te geven, zodat je ontspannener wordt, alles los kunt laten en op een natuurlijke manier kunt flirten. Je kunt het alleen of samen met anderen doen. Bij het dansen kun je nauw omschreven passen maken, of je danst 'in vrije vorm'. Dansen is een prima manier om jezelf uit te drukken en om contact te hebben met iemand anders... en om dat contact te verdiepen. En dansen is sexy. Succesflirts lokken anderen met hun sensuele bewegingen naar zich toe!

Grijp elke gelegenheid die zich voordoet aan om vrij te dansen, zo vaak en zo soepel als nodig is om je fantastisch te kunnen bewegen. Het mag ceroc of merengue, salsa of tango zijn – wat dan ook, zolang je maar in beweging komt en je lichaam op een sexy manier gebruikt. Ga op les, kijk in de plaatselijke Gouden Gids, huur of koop een video, doe dansende mensen op tv na! Je wordt er losser van en op dansles leer je mensen kennen!

Houd de waakvlam brandende

In de regel wordt ons geleerd dat seksuele prikkeling gevolgd dient te worden door een orgasme. Wanneer we seksueel geprikkeld worden op een moment dat we niet op die prikkeling door kunnen gaan, reageren we meestal door onze energie samen te trekken en het verlangen te onderdrukken. Het is dit soort onderdrukking die tot frustratie leidt. Maar je kunt leren hoe je 'zachtjes' opgewonden kunt raken en hoe je dat gevoel kunt omzetten in een sensueel getinte stuwkracht waarvan je in vele situaties gebruik kunt maken!

Beschouw je seksuele energie maar als de waakvlam van een combiketel. Het is een heel gedoe om die weer aan te steken als hij is uitgegaan. Wanneer het vlammetje zachtjes blijft branden, is het er altijd klaar voor om in actie te komen en op te laaien. Het waakvlammetje is er om je de moeite te besparen om telkens als je verwarming of warm water nodig hebt de hele ketel weer opnieuw aan te steken. Je draait gewoon de kraan open en – hup, je hebt weer warm water!

Oefenen in extase

Wanneer je deze oefening geregeld blijft doen, zul je merken dat je makkelijker te prikkelen bent en in staat bent seksuele energie te genereren waarmee je allerlei gevoelens bij jezelf kunt oproepen, van je prettig voelen en 'wel wat willen' tot hartstochtelijk verlangen. Vervolgens kun je kiezen of je een sterke of een minder sterke seksuele vibratie wilt uitzenden!

Blijven genieten van de ervaring

Heb je thuis in je eentje geoefend en heb je de noodzakelijke subtiele beheersing ontwikkeld om jezelf in een staat van opwinding te brengen zonder dat je tegen de muur op loopt, dan zul je ontdekken dat dit iets is wat je ook in andere situaties kunt oproepen. Mannen moeten misschien iets langer oefenen om het punt te bereiken waarop 'het nog net niet opvalt', maar vrouwen kunnen overal waar ze zijn doen wat ze willen zonder ongewenste aandacht te trekken. Het enige wat mensen zal opvallen, is dat je ogen wat meer glanzen, dat je een blos op je wangen hebt en dat je meer lijkt te stralen!

Stel je voor dat er op je hara-punt (een plekje zo'n vijf centimeter onder je navel, dat wordt beschouwd als het centrum van je seksuele energie) een waakvlammetje brandt en denk sexy gedachten.

- Ga na, wanneer je een beetje opgewonden raakt, waar in je lichaam die gevoelens het sterkst zijn.
- Adem naar die plek toe en stel je bij het inademen voor dat het waakvlammetje uitgroeit tot een grote vlam en de energie die daar het gevolg van is naar de rest van je lichaam stuurt, en dat die je geheel met vreugde en glimlachjes vervult.
- Stel je bij het uitademen voor dat het waakvlammetje weer afneemt naarmate de gevoelens minder intens worden, tot er nog maar een klein vlammetje blijft gloeien.

Wanneer je dit regelmatig oefent, kun je momenten van grote gelukzaligheid beleven, en zelfs van tijd tot tijd het gevoel krijgen dat je een soort orgasme krijgt.

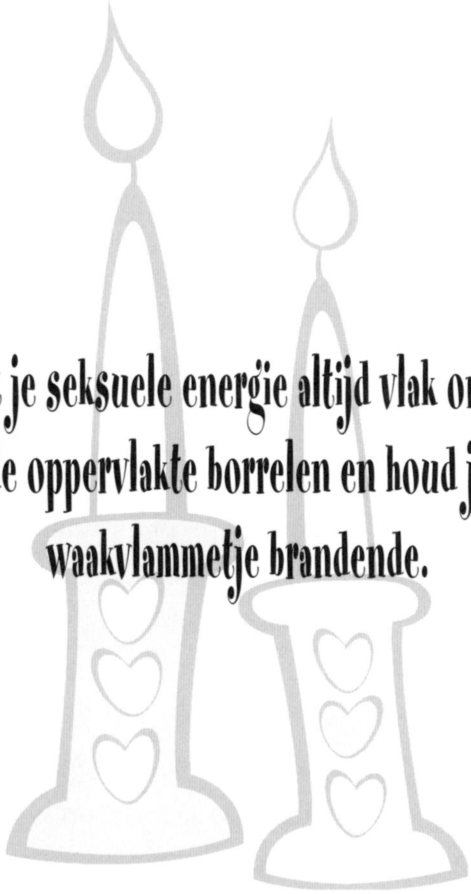

Laat je seksuele energie altijd vlak onder de oppervlakte borrelen en houd je waakvlammetje brandende.

De seksuele meter hoger en lager zetten

Je lichaam kan bewust of onbewust seksuele energie genereren. Stel je voor dat je lichaam een combiketel is met een meter en een waakvlam. De meter meet je seksuele energie op een schaal van 0 tot en met 5; 0 staat voor 'uit', 1 voor 'zachtjes brandend' en 5 voor 'in vuur en vlam en klaar voor hete seks'!

Wanneer het waakvlammetje brandt (zie de verkenning op p. 92-93), of op 1 staat, is het niet moeilijk de hitte te doen toe- of afnemen.

Je seksuele energie aanpassen

Seks is een verrukkelijk en opwindend onderdeel van ons natuurlijke leven. We zouden de aanwezigheid van seksualiteit bij elke ontmoeting moeten respecteren en onze seksuele energie dienovereenkomstig dienen aan te passen. Als je flirt voor de seks, draai je de meter op tot stand 5 (denk sexy gedachten en stel je voor dat je seksuele energie je hele lichaam omgeeft en je vervult met verlangen). Flirt je om iemand naar je toe te trekken, maar ben je niet per se uit op seks, dan dien je je seksuele energie te matigen en de knop maar een klein beetje hoger te zetten – zeg op stand 3. En wanneer je in je werk flirt om iemand een goed gevoel te geven, zet je de knop op 1,5; dat is net genoeg om je ontmoeting net dat beetje extra sjeu te geven zonder openlijk op seks uit te zijn.

Sommige mensen stralen te vaak op het verkeerde moment te veel seksuele energie uit, en anderen stralen die niet genoeg uit. Weer anderen hebben de knop helemaal uitgezet. (Zie voor meer informatie 'Zes dingen die je bij het flirten niet moet doen', p. 135 e.v.) Beschik je over een soepel stromende, regelbare seksuele energie, dan zul je een zeer vaardige flirt worden, want in dat geval straal je in elke situatie de juiste hoeveelheid seksuele energie uit.

Sociale gelegenheden – zo zul je stralen

Wanneer je in staat bent bij sociale gelegenheden met mensen te flirten, zal dat je uitstekend van pas komen bij het leggen van positieve contacten die de andere partij zal willen voortzetten. Je kunt met een heleboel mensen kort flirten en toch ondertussen werken aan een basis voor verder contact of een uitnodiging.

Straal je en laat je anderen baden in jouw innerlijke gloed, dan kun je een diepe energetische verbinding aangaan en zullen je contacten daar des te plezieriger en lonender door worden.

Succesflirts stralen naar iedereen die ze ontmoeten uit wat er zo geweldig aan hen is.

Oog in oog

Wanneer blikken elkaar kruisen, wordt er een vonk ontstoken die meteen kan worden gedoofd, of die kan worden aangewakkerd tot een hoog oplaaiend vuur. Oogcontact is zo'n belangrijk onderdeel van paargedrag dat mensen vrijwel de enige primaten zijn die de gelegenheid hebben om met de gezichten naar elkaar toe gewend te paren.

Onze ogen zijn onze sterkste instrumenten om signalen mee te geven. Als je op geslaagde wijze contact met iemand wilt hebben, of het nu in romantische of in sociale zin is, zul je oogcontact moeten maken.

Maak meer oogcontact

Heb je eerder de neiging van mensen weg te kijken dan oogcontact te maken, probeer dit dan eens.

Wanneer je de eerstvolgende keer over straat loopt (als je een vrouw bent: op een veilige, drukke plek, bij daglicht), probeer dan eens met zoveel mogelijk mensen oogcontact te maken. Streef in het begin naar driemaal oogcontact per dag en bouw dat aantal geleidelijk met één per dag uit.

Zie je iemand die je leuk vindt, dwing jezelf er dan toe oogcontact te maken. Het is verbazingwekkend hoeveel mensen me zeggen dat ze oogcontact vermijden met mensen tot wie ze zich aangetrokken voelen, en uiteindelijk flirten met mensen in wie ze geen enkele interesse hebben!

Het tafereel in ogenschouw nemen

We weten dat diep oogcontact diepe gevoelens kan overbrengen, maar dat is niet altijd meteen de bedoeling. Ik weet zeker dat je je wel eens in situaties hebt bevonden waarin het noodzakelijk was eerst om je heen te kijken om het tafereel in ogenschouw te nemen voordat je in actie kwam – met je ogen of anderszins! Hier volgen enkele manieren om dit op elegante en kalme wijze te doen.

- Wil je een ruimte overzien, probeer dan naar de kruinen van de aanwezigen te kijken. Zo zie je globaal wie er allemaal zijn en heeft niemand in de gaten dat je speciaal naar hem of haar kijkt.

- Wil je één iemand nader bekijken, stel je dan voor dat die persoon een cirkel om zijn of haar gezicht heeft en laat je blik langs de rand van die cirkel gaan. Je maakt dan geen direct oogcontact en de ander weet niet wat je van plan bent.

- Je kunt ook je blik onscherp maken en achter iemand kijken, waardoor je een indruk van die persoon kunt krijgen zonder direct oogcontact te maken.

Een stapje verder

Wanneer je iemand ziet met wie je verder wilt, kun je het oogcontact langer vasthouden en glimlachen om te kennen te geven: 'Ha, hallo, hier ben ik, ik heb interesse.' Die boodschap zal zeker overkomen als je een paar keer achter elkaar oogcontact hebt gemaakt!

Oogcontact is een belangrijk instrument
om de communicatie te openen,
maar met een glimlach erbij
is het een nog krachtiger middel
om te flirten.

De beste openingszin

Wanneer mensen me vragen met wat voor opmerking ze het best een gesprek kunnen openen als ze in iemand geïnteresseerd zijn, antwoord ik altijd dat het het best is om gewoon 'hallo' of 'hoi' te zeggen. Daarna kun je het ijs breken door de ander vragen te stellen (zie p. 76 voor een paar doeltreffende vragen) – iedereen praat immers graag over zichzelf. Bij een eerste contact communiceer je meer via hoe je je voelt en de energie die je uitstraalt dan via een slim bedachte openingszin.

Als openingszinnen werken, komt dat meestal doordat de mensen die ze uitspreken zich zo goed over zichzelf voelen dat ze het risico wel aandurven. Ze zijn hun eigen openingszinnen. Dat kun jij ook zijn. Iets anders heb je er niet voor nodig.

Succesflirts hoeven niet hun toevlucht
te nemen tot slim bedachte openingszinnen
en hoeven niet iets betekenisvols te zeggen.
Ze maken gebruik van hun vermogen
om mensen te doen ontdooien en
aan het praten te krijgen.

Nee, volgende!

Krijg je geen positieve reactie wanneer je iemand benadert, dan is er nog geen man overboord – daar buiten loopt echt wel ergens iemand rond die wacht tot jij je licht over hem of haar laat schijnen, dus geef niet op!

Een van de dingen die ik al mijn cursisten aanraad is dat 'nee' een signaal kan zijn om ofwel een andere benadering te proberen, ofwel verder te gaan met iets anders. Ik herinner hen er voortdurend aan: *'Als je "nee" te horen krijgt, ga dan door met het volgende. Nee, volgende, nee, volgende! Bingo! Ja!'*

Een diep contact leggen

Heb je wel eens een situatie meegemaakt waarin je er geen enkele moeite mee had contact met iemand te leggen en de interactie helemaal vanzelf ging? Of misschien heb je anderzijds ook wel momenten gehad waarop het maar niet wilde lukken. Als je het makkelijk vindt om iemand te benaderen, is de kans groot dat je een diep, natuurlijk contact met die persoon hebt. Hoeveel krachtiger zou een flirtontmoeting niet zijn wanneer je erachter zou kunnen komen op welke manieren je een diep contact kunt creëren in situaties waarin dat niet vanzelf lijkt te gebeuren?

Wat bedoel ik met 'contact'?

'Contact' wordt in woordenboeken omschreven met woorden in de trant van 'een harmonieuze sociale interactie'. Ik beschouw het als een dans tussen twee, of zelfs meer dan twee, mensen waarbij de communicatie zowel verbaal als non-verbaal stroomt en je samen een ritme, een manier van bewegen, deelt.

Succesflirts weten hoe ze een diep contact kunnen leggen in situaties waarin dat niet vanzelf gebeurt.

Alleen maar goede magie creëren

Voordat we beginnen, is een waarschuwing op zijn plaats. Sommige mensen hebben de vaardigheden om diep contact te leggen, benut om er anderen mee te manipuleren op manieren die voor henzelf of voor die anderen niet zinvol waren. In het begin kan dit goed werken, maar de lol gaat er snel af, en als dat het geval is zullen degenen die zijn gemanipuleerd je niet meer mogen, en zul je uiteindelijk ook jezelf niet meer mogen. En ik weet zeker dat je anderen alleen zodanig wilt beïnvloeden dat ze een goed gevoel over zichzelf krijgen.

Bewustzijn is alles

Mensen geven je elke seconde dat je met hen samen bent informatie, zelfs vanaf de andere kant van een ruimte. Evenals een krijger dien je alert te zijn op wat er gaande is en klaar te staan om in actie te komen zodra je een signaal krijgt.

Begin je mensen echt op te merken, dan zul je ook oog krijgen voor de unieke dingen die ze doen:

- *Je merkt op hoe ze hun gezichtsuitdrukking in overeenstemming brengen met hoe ze zich voelen.*
- *Je merkt op in welk tempo ze ademhalen en hoe dat ritme kan veranderen.*

- Je merkt op wat voor woorden ze gebruiken om de wereld om hen heen mee te beschrijven zoals zij die ervaren.
- Je beseft dat wanneer mensen deze dingen doen, ze je een holografische kaart geven van hun ervaring. Naar welke schatten denk je dat zo'n kaart je de weg kan wijzen?

De twee krachtigste manieren om diep contact met mensen te krijgen, zijn ademhalen in hetzelfde tempo als zij en je aanpassen aan hun energieniveau. Uiteraard raad ik je niet aan dit te doen met iemand die erg somber gestemd is, die dronken is of die geen zelfbeheersing meer heeft!

Je ademhaling aanpassen

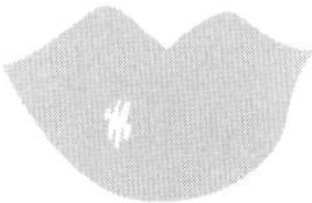

Je weet hoe dieren snuffelend hun neus in de lucht steken, hun neusgaten opensperren en hun lippen vaneen laten gaan als ze geluiden en geuren tot zich door laten dringen? Dat kun jij allemaal ook, en nog wel meer. Je kunt door middel van je perifere gezichtsveld een heleboel dingen registreren. Je kunt het rijzen en dalen van iemands ademhaling oppikken en zelf dat ritme overnemen en met de ander meeademen...

Haal adem...

Probeer dit eens als je in de trein zit. Kies iemand uit voor je experiment en kijk (niet rechtstreeks) naar diens schouders en bovenlichaam. Waarschijnlijk zie je de jas of schouders van je proefpersoon licht op- en neergaan. Dit geeft een aanwijzing over het ritme van diens ademhaling. Blijf op dezelfde uiterlijke tekenen letten en pas je eigen ademhalingsritme aan dat van de ander aan.

Wanneer je deze verkenning met vreemde mensen uitvoert, gebeurt er niets als je niet besluit oogcontact te maken en op de een of andere manier tot interactie over te gaan. Het is volkomen veilig!

'Samen ademen' is een van de krachtigste middelen om een ontmoeting met een ander te verdiepen.

Andermans energie oppikken

Je weet dat iedereen over verschillende energieniveaus beschikt. Kun je je op een wijze die prettig voelt aan iemands energieniveau aanpassen, dan heb je meteen diep contact met die persoon.

Dus sla voordat je iemand benadert die persoon eerst een poosje gade en merk op hoe hij of zij zich beweegt. Aan iemands manier van bewegen kun je zijn energieniveau aflezen. Stel jezelf terwijl je daarnaar kijkt de volgende vragen:

- Zijn de bewegingen snel en schokkerig?
- Zijn ze ritmisch en vloeiend?
- Zijn ze snel en licht?
- Zijn ze zwaar en traag?

Stel je als je naar iemand anders kijkt voor dat jij vergelijkbare bewegingen maakt. Dit is een vorm van 'mentaal repeteren'. Dit maakt het je makkelijker om andermans bewegingspatronen over te nemen.

Laat je lichaam langzaam wennen aan hoe de bewegingen van de ander aanvoelen en let daarbij op hun ritme en opeenvolging.

Wanneer je het ritme te pakken hebt en mee gaat doen, heb je al een diep contact gelegd zonder dat je nog een woord hebt gezegd. Vervolgens ben jij in een positie om de ander naar een niveau te brengen dat heilzaam is voor jullie allebei.

Stemcontact

Een andere manier om synchroon met iemand te gaan lopen, is om diens toon van spreken of spreeksnelheid over te nemen.

Je hoeft in het begin niet meer te doen dan oor hebben voor de spreeksnelheid van de spreker en je daaraan aanpassen. Praat de ander te snel of te langzaam naar je zin, dan kun je, vanuit je aanpassing daaraan, geleidelijk het tempo iets vertragen of opvoeren. Gesteld dat je dit in een tempo doet dat niet tot gevoelens van ongemak leidt, dan komen jij en de ander uit op een tussenniveau dat voor jullie *allebei* prettig aanvoelt.

Wanneer je de ander op diens niveau tegemoetkomt, zal hij of zij een prettig gevoel krijgen en je mogen, omdat mensen nu eenmaal andere mensen mogen die op hen lijken.

Ruimtelijk contact

Wanneer je iemands persoonlijke ruimte binnenkomt, kun je dat doen als een welkome gast, als een vreemde indringer van buitenaf of als een bezoeker met lef die denkt dat hij zomaar binnen kan wippen. Ben jij een *space invader*?

Als je in de loop van je leven elke dag van aangezicht tot aangezicht met mensen te maken krijgt, begin je oog te krijgen voor de 'taal' van ruimte.

- Wanneer je dichtbij komt, gaat de ander dan achteruit, ook al is het maar een klein beetje?
- Probeert hij (of zij) telkens aan een andere kant te gaan staan?
- Begint hij te wriemelen als je dichterbij komt?

- Maakt hij zich kleiner, bijvoorbeeld door zijn armen dichter tegen zijn lichaam te brengen, of ze te vouwen?
- Brengt hij zijn armen omhoog, als om je weg te duwen?

Dit zijn allemaal signalen dat je té dichtbij bent gekomen!

Voordat je bij een ander binnenkomt, moet je eerst leren hoe je diens ruimte kunt verkennen. Wanneer je vreemden benadert, test dan eerst hun persoonlijke ruimte uit door langzaam dichterbij te komen terwijl je ondertussen hun reacties bestudeert (zoals lichte veranderingen in de bewegingen van hun gezicht, ogen die zich versmallen of veranderingen in het tempo van hun ademhaling). Merk je dergelijke veranderingen op, stop dan of trek je langzaam terug, zodat je geen bedreiging meer vormt.

Praat hun taal

We gebruiken allemaal verschillende soorten zintuiglijke taal die is gebaseerd op de zintuigen voor zien, horen, tasten/voelen, ruiken en proeven. De meeste mensen hebben echter zo hun voorkeuren wat zintuigen of combinaties van zintuigen betreft en zullen daar ook telkens aanwijzingen voor geven, middels woorden of zinnen, waaruit blijkt hoe ze de wereld primair ervaren. Besteed aandacht aan wat ze zeggen.

Hier volgen een paar voorbeelden:

Zien

'Alles lijkt wel uit zijn proportie gerukt.'
'Ik wou dat ik hier enig licht op kon werpen.'
'Ik zie wat je bedoelt.'
'Ik heb maar een vaag beeld van wat je doet.'

Horen

'We zitten helemaal op dezelfde golflengte.'
'Dat klinkt als een goed plan.'
'Ik zal het luid en duidelijk zeggen.'
'Door wat je zei is er een belletje bij me gaan rinkelen.'

Aanraken/voelen

'Hij is zo glad als een paling.'
'Laten we contact houden.'
'Ik voelde het aan mijn water.'
'Ik kan er de vinger niet op leggen.'

Hou dus de eerstvolgende keer dat je een gesprek met iemand voert, je oren open voor het soort zintuiglijke taal dat die persoon gebruikt. Besteed aandacht aan de voorkeur van de ander, en ga die woorden of zinnen zelf ook gebruiken. Een succesflirt weet instinctief hoe hij kan aanhaken bij de taal van anderen en hoe hij die in gesprekken kan benutten, zodat degene met wie hij praat zich op zijn gemak bij hem of haar voelt.

Diep contact - het blijft borrelen

Als je de dansvloer op gaat en je laat meevoeren op de stroom en het ritme, ofwel in een groep mensen, ofwel met één persoon die je begeert, zul je dit alles kunnen gaan verwerken in je eigen krachtige mengsel van wie jij bent op je best. Je kunt dan de dans van het diepe contact dansen en de ander dichter naar je toe trekken.

Succesflirts dansen de dans van het diepe contact, zorgen voor instant-harmonie en -overeenstemming, en trekken zo mensen dichter naar zich toe.

Zes dingen die je bij het flirten niet moet doen

1. Neem het leven niet te serieus

Geri had succes in haar werk in de reclamewereld, maar ze had het gevoel dat ze de positie die ze had bereikt had moeten bevechten. Ze was goed in wat ze deed en in haar eigen woorden 'tolereerde ze geen dwaasheid'. Ze was gepasseerd voor een adjunct-directeurschap, een functie die Adèle had gekregen, een vrouw die Geri maar frivool vond. Na enig aandringen gaf Geri toe dat Adèle een fantastische manager was, maar ze vond niet dat zij dingen serieus genoeg nam en was van mening dat ze te vaak 'maar wat aanrommelde'. Geri stelde succes in haar carrière gelijk aan onbuigzaam en serieus zijn. Ze ging ervan uit dat ze haar vrouwelijke eigenschappen moest onderdrukken om te kunnen slagen.

Wat is hier de boodschap?

Geri besefte dat ze, als ze zichzelf zou hebben toegestaan meer plezier te maken, misschien populairder zou zijn geweest. Toen ze een collega vroeg wat Adèle had dat zij niet had, kreeg ze te horen: 'Adèle is net een zonnestraal. Het is zo makkelijk om met haar samen te werken omdat zij van alles iets leuks weet te maken.' Geri moest door schade en schande leren dat plezier maken en succes hebben in zaken heel goed kunnen samengaan.

2. Gebruik je seksualiteit niet op ongepaste of oneerlijke wijze

Rachel bekende me dat het haar grote flirtgeheim was 'te denken aan ruige seks, iemand aan te kijken en als die niet reageert hem naar me toe te trekken'.

'Het probleem is alleen,' klaagde ze, 'dat ze allemaal seks willen, maar dat ik meestal het liefst alleen iets wil drinken.'

Rachel was het prototype van een seksuele flirt. Ze dacht dat ze alleen maar de aandacht van een man kon trekken als ze seks in het vooruitzicht stelde. Dus trok ze alle registers open – en vroeg zich vervolgens af waarom mannen altijd achter haar aan zaten.

Wat is hier de boodschap?

Seksualiteit is voor iedereen een primaire drift. Op de juiste momenten kunnen we er vernuftig gebruik van maken om iemand naar ons toe te trekken. Maar er zijn ook momenten dat het niet gepast of niet eerlijk is om op een seksuele manier te flirten.

3. Wees niet bang voor je seksualiteit

Naomi, het andere uiterste, durfde niet te flirten uit angst voor de reactie die ze de ander zou kunnen ontlokken. Ze ging een keer uit met een man die ze graag mocht en toen ze zoenden, kreeg hij een erectie. Naomi wist niet hoe snel ze weg moest wezen! Ze was bang voor de kracht van haar seksualiteit en ze beschouwde de reactie van de man als een teken dat hij seks verwachtte.

Wat is hier de boodschap?

Ooit had iemand eens tegen Naomi gezegd dat mannen bruten waren die zich niet wisten te beheersen en dat vrouwen moesten oppassen dat ze hun dierlijke instincten niet losmaakten.

Toen Naomi leerde hoe ze een goed gevoel kon hebben over zichzelf, leerde ze ook te accepteren dat het voor mannen iets natuurlijks is om zich tot vrouwen aangetrokken te voelen. In plaats van zichzelf te zien als een valse verleidster, kon ze er nu dankbaar voor zijn dat ze een seksueel begeerlijke vrouw was.

4. Vergeet niet dat je een seksueel wezen bent

Chris was een leuke vent. Hij had vriendinnen te over, maar nooit in de zin van een liefdesrelatie. Hij had er geen problemen mee vrouwen mee uit te vragen, maar het contact kreeg nooit iets seksueels. Hij besteedde er zoveel tijd aan Mister Leuk en Aardig te zijn dat hij vergat hoe hij Mister Sexy moest zijn. Vrouwen zien graag een combinatie van die twee!

Wat is hier de boodschap?

Chris leerde dat hij zijn seksualiteit een tandje hoger kon zetten en dat hij een andere boodschap naar vrouwen kon uitzenden.

5. Wees niet bang om iemand te laten merken dat je hem of haar wel ziet zitten

Leanne was vrij goed in flirten – alleen wel met de verkeerde mannen. Als ze iemand leuk vond, flirtte ze niet met hem uit angst om afgewezen te worden. In plaats daarvan flirtte ze met mensen die in haar geïnteresseerd leken te zijn. Ze flirtte zich een hele reeks 'verkeerde' relaties in, wat uitdraaide op een ongelukkig huwelijk en een akelige scheiding.

Wat is hier de boodschap?

Leanne leerde dat ze moest gaan voor wat zij wilde in plaats van voor wat ze dacht dat haar lot was.

6. Vergeet niet hoe geweldig je bent

Het hoorde bij Lisa's werk dat ze dagelijks contact had met invloedrijke en beroemde mensen. Als ze aan het werk was en een-op-een met mensen te maken had, voelde ze zich goed en had ze de 'controle', maar als ze zich moest vertonen bij sociale gelegenheden, klapte ze ineens dicht. Alle anderen in het vertrek leken belangrijker, interessanter en amusanter dan zij.
Lisa voelde zich prima wanneer ze kon teruggrijpen op de status die haar werk haar gaf. Maar als zij geen controle meer had over wat er gebeurde, verloor ze haar zelfvertrouwen. Ze dacht dat mensen haar pogingen om contact te leggen zouden afwijzen of de dingen die ze te zeggen had saai zouden vinden. Lisa's moeder had haar op feestjes immers altijd gewezen op levendige types en die 'uitslovers' genoemd...

Wat is hier de boodschap?

Lisa leerde hoe ze meer van zichzelf kon gaan houden en van anderen mocht verwachten dat ze haar gezelschap en meningen op prijs zouden stellen.
Ze leerde te 'flirten met het leven'.

Tot slot

Het moment is nu daar om je flirterige zelf te bevrijden en echt te gaan voor wat je wilt. Er wacht je een hele wereld die je erbij wil helpen je mooiste dromen werkelijkheid te maken.

Dank je wel dat je de tijd hebt genomen om dit boek te lezen. Ik moedig je aan om door te gaan met leren en uit te kijken naar manieren waarop je je persoonlijk kunt ontwikkelen. Je hebt maar één leven, en dat voltrekt zich nu. Vergeet niet altijd jezelf op je best te zijn, stap de wijde wereld in, en probeer *nu* al flirtend te bereiken wat je bereiken wilt!

Als je bent wie je wilt zijn en houdt van wie je bent, zul je op het juiste moment in contact komen met mensen die goed voor je zijn.

De Flirting Academy

Peta Heskell en de Flirting Academy

Als je dit boek met plezier gelezen hebt en wel meer zou willen weten, kun je iets hebben aan de coaching-sessies of aan een van de cursussen van de Flirting Academy. Peta Heskell kan je begeleiding bieden bij alle aspecten van flirten, werken aan je zelfvertrouwen, en *dating and mating*. Coaching-sessies kunnen individueel of groepsgewijs plaatsvinden, en ook per telefoon of per e-mail.

De Flirting Academy geeft zowel in Londen als daarbuiten 'flirtshops' van één dag of een weekend; hier leer je meer plezier te maken, meer zelfvertrouwen te krijgen en je communicatievaardigheden te verbeteren.
Maatwerktrainingssessies voor bedrijven behoren eveneens tot de mogelijkheden.

Wil je meer weten, pak dan de telefoon of ga on line!

WEBSITE: **www.flirtcoach.com**
E-MAIL: **info@flirtcoach.com**
TELEFOON: **+44 (0)700 4 354 784**

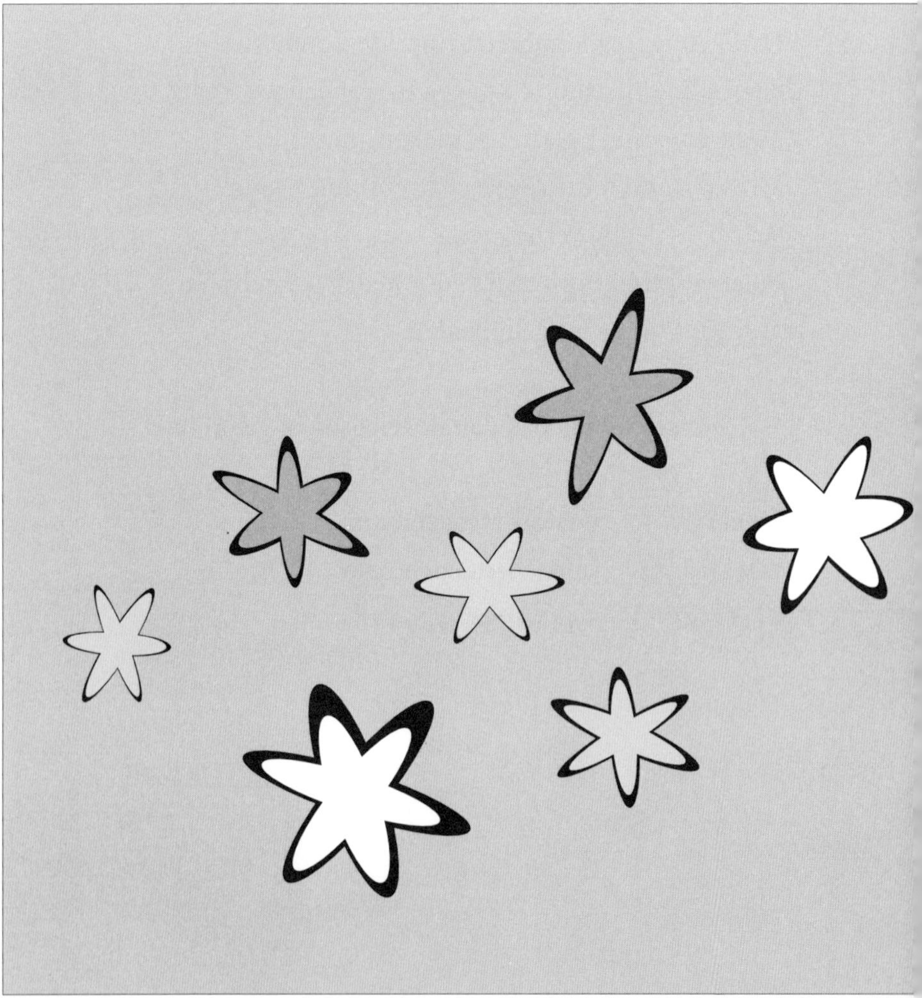

De flirtcoach

Van Peta Heskell verscheen eerder:

De flirtcoach

Gouden tips voor vriendschap,
liefde en succes in je werk!

Peta Heskell heeft flirten tot een verfijnde kunst verheven – een kunst waar je niet alleen iets aan hebt in romantische relaties, maar die de communicatie in elke relatie (ook die met docenten, buren, cliënten enzovoort) leuker kan maken. Peta stelt dat jezelf zijn de sleutel is tot een succesvolle sociale omgang met elkaar en tot succesvolle relaties. Ze biedt een no-nonsense programma om iedereen te leren hoe hij zich bij zichzelf op zijn gemak kan voelen. Zoals zij het ziet, kan flirten de sleutel zijn tot succes op alle levensterreinen.

Haar programma zit als volgt in elkaar:

- Binnen: ontdekken wie je bent, welke overtuigingen je erop na houdt, en je aangeboren vaardigheden om kinderlijk nieuwsgierig te zijn, lef te tonen en je intuïtie te gebruiken aanscherpen.
- Buiten: leren hoe je signalen die mensen geven, kunt interpreteren en hoe je zelf signalen kunt uitzenden; hoe te 'stralen', hoe macht en invloed te verwerven.
- Integratie: concrete toepassingen van flirttechnieken op het werk, in vriendschap en in liefde.

De flirtcoach, 256 pagina's, ISBN 90 325 0845 8
Verkrijgbaar bij de boekhandel.